U0909660

中山出版
ZHONGSHAN PUBLISHING
香山承文脉 好书读百年

Hello，港口

杨爱珊 文 史 超 绘

·广州·

图书在版编目（CIP）数据

Hello，港口 / 杨爱珊文；史超绘. -- 广州：广东人民出版社, 2017.3
（“Hello，中山”手绘漫画系列）

ISBN 978-7-218-11613-6

Ⅰ. ①H… Ⅱ. ①杨… ②史… Ⅲ. ①乡镇－概况－中山－图集 Ⅳ. ①K926.55-64

中国版本图书馆CIP数据核字(2017)第025947号

HELLO,GANGKOU
Hello，港口 杨爱珊 文 史 超 绘

出 版 人： 肖风华

责任编辑： 李锐锋 冼惠仪
装帧设计： 蓝美华
封面设计： 陈宝玉
特邀顾问： 杨铬铮 郭带胜

统　　筹： 广东人民出版社中山出版有限公司
执　　行： 何腾江 吕斯敏
地　　址： 中山市中山五路 1 号中山日报社 8 楼（邮编：528403）
电　　话：（0760）89882926 （0760）89882925

出版发行： 广东人民出版社
地　　址： 广州市大沙头四马路10号（邮编：510102）
电　　话：（020）83798714（总编室）
传　　真：（020）83780199
网　　址： http://www.gdpph.com
印　　刷： 广州市岭美彩印有限公司
开　　本： 787mm × 1092mm 1/32
印　　张： 4.5 **字 数：** 35千
版　　次： 2017年3月第1版 2017年3月第1次印刷
定　　价： 25.00元

如发现印装质量问题影响阅读，请与出版社（0760-89882925）联系调换。
售书热线：（0760）88367862 邮购：（0760）89882925

总　序｜写画心中的城

都说现在是一个“看脸”的时代，手绘漫画图书的热销，就是标志之一。“轻阅读”的流行，正是时代发展的产物。顺势而为，我们打造了这套“Hello，中山”手绘漫画系列，一是让年轻人利用自己的地缘优势讲好“中山故事”，传播家乡传统文化；二是给年轻人机会出版作品，毕竟出书是一件严肃又庄重的事情，也是值得一辈子自豪的事情。

“Hello，中山”手绘漫画系列是一套开放式的选题，计划以每年出版一二十种新书的规模，以陆续出版、不断充实、不断丰富的方式，用若干年的时间，打造一套有规模、有品位、有传承力、有影响力的具有中山特色的原创手绘漫画书系。

作为“Hello，中山”手绘漫画系列的策划人，我期待中的这套书不止是巡礼式地给中山 24 个镇区各出一册，而是 N 册，同时扩充至其他领域，比如老字号、非物质文化遗产等，形成一套三五十册的较大规模，可较长时间立于中山人书架上的系列图书。所以，做好这一套图书，我们将坚持以下几点——

一是充分调动年轻人的积极性，邀请能写能画且熟悉中山的土著的非土著的年轻人加盟。2015 年 7 月出版的《Hello，石岐》作为“Hello，中山”手绘漫画系列的第一本，其作者是当地一所大学的应届毕业生，书稿其实就是两个年轻女孩子的毕业创作作品。在一次展览上，我们看中了书稿，于是拿过来出版。结果出版后，反响很好，于是我们又广罗人才，邀请了更多年轻人参照《Hello，石岐》的模式，给其他镇区画、写，慢慢积累，就有了 2016 年 8 月重磅推出的《Hello，石岐Ⅱ》《Hello，沙溪》《Hello，南朗》《Hello，神湾》等。我们的出发点很明确，就是让中山的年轻人用自己的视角和喜爱的方式来讲述中山的故事，这是一个全新看中山的角度，让他们不囿于传统的模式去审视自己熟悉的地方。年轻人也可以借用这种新的形式来发挥自己的才能。它不仅让中山人认识中山，还让中山人重新探索和思考中山，同时去发现一个不一样的中山。

二是强调了书稿的本土性和原创性。越是民族的，越是世界的。中山是伟人故里，具有800多年的历史，人文丰盈、历史深厚、自然优美，可写可画的东西很多。有一句话说，世界不是缺少美，而是缺少发现美的眼睛。“Hello，中山”手绘漫画系列鼓励年轻的画家、作家去发现中山人都未必知道的中山，这激发了年轻人的热情。许多作者反馈回来的信息是，如果不是绘、写自己的家乡，还真不知道自己的家乡有这么美。

三是坚持内容为王。按照目前的出版方向，一是以行政区域为主题，二是选择可入画的中山题材。就拿行政区域这一主题来说，在执行的过程中，很容易做成官方宣传资料，这明显偏离了我们的初衷。凡是将官方资料堆积在书稿里，我们一律要求作者重新写。要用自己的语言来写自己可亲可爱的家乡。读者之所以喜爱这套图书，主要原因不仅是形式上活泼，还有就是内容上新颖。可读性成为重中之重。

四是安排了得力编辑专心打造。“Hello，中山”手绘漫画系列的前期指导作者的工作量超乎想象，原因无外乎：作者都是没有写书、编书、出书的经验，这样的问题那样的问题，时不时要编辑回答；对家乡的重点历史人文、传统文化等拿捏不准。我们专门安排了两位责任编辑来负责，随时随地指导好这一批年轻作者，以期共同做好这一套书。

同时，在排版设计上，紧紧跟随当下畅销书的风向标，大胆启用大腰封，力求与传统的装帧方式有所区别，以更贴近年轻人的心理要求。

五是着重打造品牌效应。一种品牌就是一种无形资产，我们立足中山将近 6 年时间了，一直强调品牌的影响力，也打造了一批诸如“中山客”、“廉洁中山”、“故事中山”等品牌图书，得到了读者的普遍认可。我想，品牌代表的是一种不可多得的美誉度、可信度，而这些才是真正的无价之宝。“Hello，中山”手绘漫画系列从一开始的策划就立足于品牌效应了，为此我们专门设计了这套书的 Logo、函套，还有手提袋，甚至还有它们的衍生产品——明信片、T 恤、茶杯等。目前，这套书的品牌效应慢慢凸显出来了，难能可贵。

出版是个小行业，而且我们是在中山这样的小地方做出版，难度可想而知。但是，文化是个大产业，前景一片光明。我们将按照广东人民出版社中山出版有限公司的出版宗旨——“香山承文脉，好书读百年”，全力把“Hello，中山”手绘漫画系列打造成品牌图书。

广东人民出版社中山出版有限公司总经理 | 何腾江

目 录

天后宫公園
后赐荫恩沐众生
天开福泽庇桑梓

生我养我的港口

自小在港口这座小镇生活，看着它的成长与变化，感觉时光真如白驹过隙，一眨眼就二十年了。回想港口的巨变，我脑子里闪现的尽是与童年记忆相重叠的画面，总想说“想当年”、“记得小时候”，看来想不认老都不行了。

港口正在迅速发展，未来有很多规划，如纳入主城区范围、加快新型城镇化进程等。我想，未来的港口一定会成为繁荣昌盛的经济强镇。

我和超超准备荫游港口啦

变水路为陆路

在 20 世纪七八十年代，港口还是个水陆交错的镇区，大大小小的河道像蜘蛛网一样遍布每个村。如果从高处俯视下望，港口便像意大利威尼斯一样，到处是水的印迹。那时，因为陆路不通，车辆稀缺，人们的出行和运输大多靠船。记得小时候，人们要去河对面，都要乘坐渡船。小小的船只划过河水，轻盈地把人们送到另一岸。我一直生活在村子里，对于繁华的镇中心抱有极大的好奇心，每次跟着妈妈到镇中心买东西就好比历险，颇感新奇。

⊙河水清澈，长堤美丽

作为中山城区以北的小镇，港口的地理位置得天独厚。人们常说路通财通，高速公路和广珠城轨的建成，对港口的经济发展起着重大的作用。现在，从港口去广州40分钟就能到达，出省也只需一两个小时，十分便捷。

深中通道是国家重大基础设施项目，其中有连接深圳、中山的跨海大桥，2016年12月28日开建，预计2020年建成。深中通道的一个出口就在港口保利国际广场北面的中江高速立交桥。建成后，可能吸引大量深圳人来港口居住生活，深圳与港口之间形成的“一小时生活圈”将使港口的经济发展提速好几倍。

深中通道横跨珠江口东西两岸，宏伟壮观

迅速发展的房地产

港口的快速发展，令人惊叹的除了几大主干道的规划修建外，还有房地产业的迅猛发展。以前，港口有很多荒地和农田，现在大多摇身一变，成了一个个精致的楼盘，且一个比一个“高大上”，有的还建有人工园林或湿地公园。这些楼盘聚集而建，其附近的商圈也跟着扩大，人来人往，熙熙攘攘，热闹非凡。

坐落于港口大道与世纪大道两大市政干线交汇处的中山保利国际广场，建筑面积约 188 万平方米，整体建筑以欧式风格为主，主色调为鲜黄色，十分醒目、宏伟。位于世纪西路 1 号的上乘世纪公园是在建的楼盘，据说是中山唯一拥有双景园林的楼盘。

港口有名的楼盘还有很多，如经典的星晨花园、星港湾、美景花园、丽江花园，新建的星港 · 城市名都、时代港汇城，还有典雅的海逸华庭、中信凯旋蓝岸、大信芊翠家园等，可谓“群英荟萃”。

⊙崭新气派的星港 · 城市名都

威风的本土名企业

港口有很多著名的本土企业，它们的兴起与壮大成就了港口经济快速发展的一段段“威水史”。

如调味品生产企业“霸主”——中山嘉豪食品有限公司，位于港口石特工业区，成立于 1994 年，专业生产绿色健康调味品。旗下拥有“劲霸”、“詹王”等子品牌，在国内最早生产日式青芥辣酱，是国内主要的青芥辣、鸡汁生产厂家之一。“劲霸”牌调味品在餐饮业声名显赫，远销国内外。

⊙畅销国内外的“劲霸”青芥辣酱

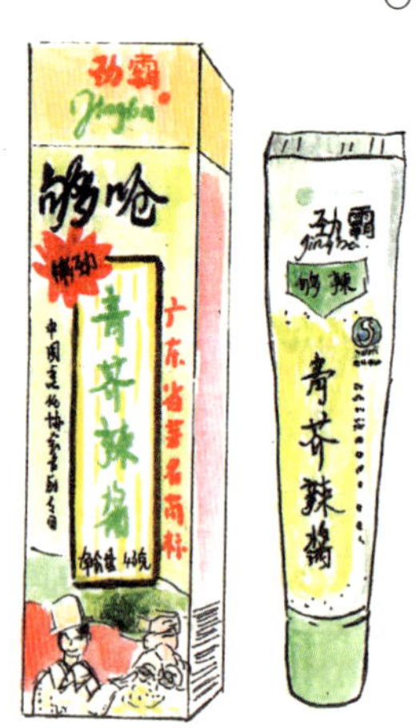

⊙味道鲜美的劲霸鸡汁

家居企业中的“老大”——中山美盈家居有限公司，简称美盈实业，位于港口大丰工业区沙港中路 1 号，创立于 1995 年，是一家专业经营美式家具和酒店家具的集团式企业。从 2006 年年底开始在国内销售“巴里巴特”品牌的美式家具，如今其专卖店已遍布全国各地，年销售额达数亿元，产品远销全球五大洲。

⊙崇高玩具厂醒目的 logo

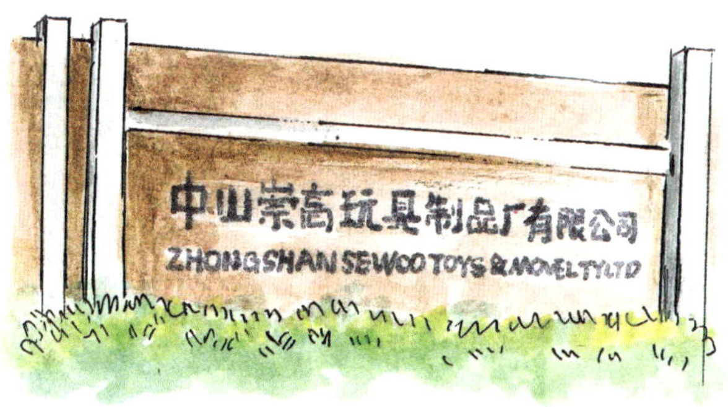

历史悠久的玩具厂——中山崇高玩具制品厂有限公司，简称崇高玩具厂，1986 年成立，主要从事各类玩具的生产制造，出口占全市玩具产业的 20%。后搬迁至位于港口大丰工业区的现址。每年暑期，崇高玩具厂会通过镇政府在港口中学和港口理工学校招收学生作为暑期工，为他们提供实习的机会。

中山金辉船厂制作的船远销国外

中山金辉船厂，全称是中山市金辉船舶修造厂有限公司，坐落于港口大南沙大桥侧，成立于 1992 年，以船舶修造和修理为主要业务。厂区面积达 8.7 万平方米，岸线长达 800 米。经过 20 多年的快速发展，船舶产品远销欧洲、中东、东南亚等地。

豪华气派的酒店

随着广珠城轨北站的建成和深中通道的规划建设，镇上的酒店服务业发展迅猛，典雅的桂花大酒店、奢华的俊诚海逸酒店和崭新的维也纳国际酒店先后落成开业。

俊诚海逸酒店位于港口美景西路与港口大道交叉口，2012 年开业，有客房总数近两百间（套），是一座时尚的现代化商务酒店，有高档的中西餐厅、舒适的客房、高端的会议中心和多功能厅房等。

家里来了客人，港口人多会带他们去美景西路那边玩乐。那里的俊诚海逸酒店开有一家高级气派的翡翠皇家会所，里面的装修金碧辉煌，两边的墙以缤纷的彩色玻璃构成，包厢里的 KTV 音响效果出色。但凡有喜庆的事，本地人也会结队来会所畅玩一宵。

靠近星港湾的桂花大酒店，位于美景西路 27 号，2012 年开业，有客房总数 70 多间（套）。整体装修以欧式风格为主，房间内的装修则以古典中式为主，中西风格混搭，没有任何违和感。一楼的早茶茶点很受欢迎，或因价格亲民，加上点心美味，每次来这里喝早茶总要排上半个小时的队，但为了能一品“传说中的美味”，大家在排队等待的同时，脸上更多的是对美味的热切期待。

怎么去：

乘坐022路或004路到星港湾站下，走约300米即可。

维也纳国际酒店（港口店）位于兴港南路 16 号银丰大厦，2016 年开业，有客房总数一百多间（套）。银丰大厦里还有新开业的银丰国际健身俱乐部，是港口第一家和迄今为止最大、最时尚的健身会所。每到晚上，这里便有不少穿着运动服进出的帅哥美女。酒店侧嵌上的“星天地 KTV”广告牌大得足够吸引眼球。我没去过该 KTV 唱 K，听弟弟说，里面的音响设备都是按极高标准配置的。

怎么去：

乘坐022路或004路到星港湾站下，走约500米即可，在桂花大酒店斜对面。

小提示

港口镇紧邻中山市中心城区，是城区通往城市北部的重要镇区。地理位置优越，是重要的交通枢纽，十分适居。全镇面积约 70.5 平方公里，下辖 9 个村（社区），总人口约 12 万。据介绍，“十三五”期间，港口镇将积极配合港珠澳大桥、深中通道、深茂铁路等战略通道的建设，助力全市经济、交通的发展。作为港口人，见证着家乡的飞速发展，我心里还真是骄傲满满啊！

镇政府前的灯塔高耸于花坛中，非常醒目

繁华璀璨的
城北中央商务区

在以世纪大道为中轴的港口核心区域，以保利国际广场为中心，目前正在兴建一体化的商业综合体——城北中央商务区。商务区内有众多高端生活配套设施，能更好地满足港口人的生活需求，还能助力全镇乃至全市商业和旅游业的发展。

保利国际广场紧邻石岐区，位于世纪大道和港口大道交汇处，占地约 700 亩，规划总建筑面积约 188 万平方米，总投资超过 50 亿元。气派豪华的喜达屋艾美酒店、商品多样的吉之岛购物中心将先后落成，还有中山城北首家 IMAX 巨幕影院——保利国际影城，周边配套有面包店、咖啡店、美容美发店、药店、健身馆等，吃喝玩乐购，应有尽有。据说，喜达屋艾美酒店在选址上对周边环境的要求以严苛著称，而计划在港口落户的艾美酒店才是国内第七家酒店。由此看来，城北中央商务区对外有着强大的投资吸引力呢！

面对偌大的影屏，听着立体环绕的音响，无疑是一种无与伦比的美好享受

置身保利国际影城，面对偌大的影屏，听着立体环绕的音响，无疑是一种无与伦比的美好享受。以后，不用为了看一部新上映的电影而赶时间驱车奔波到市区了。一想到在家附近就有一家现代化影城，与小伙伴一同吃着脆口爆米花、喝着冰冻可乐、看着巨幕电影的欢乐场景，我便按捺不住内心的小激动啦！

城北中央商务区是个庞大的商业综合体，包括在建的时代港汇城和上乘世纪公园，既有热闹的商业中心，也有自然的公园风光，繁华与休闲完美结合。以后，我希望能带着宝宝，白天去时代港汇城或保利国际广场逛逛街，傍晚带着爸妈和丈夫去中山湿地公园散散步，好好享受和谐幸福的美好时光。

⊙气派豪华的保利国际广场

游戏游艺特色小镇

招商中心
广东游戏游艺文化产业城
Guangdong Game & Amusement Culture Industry City

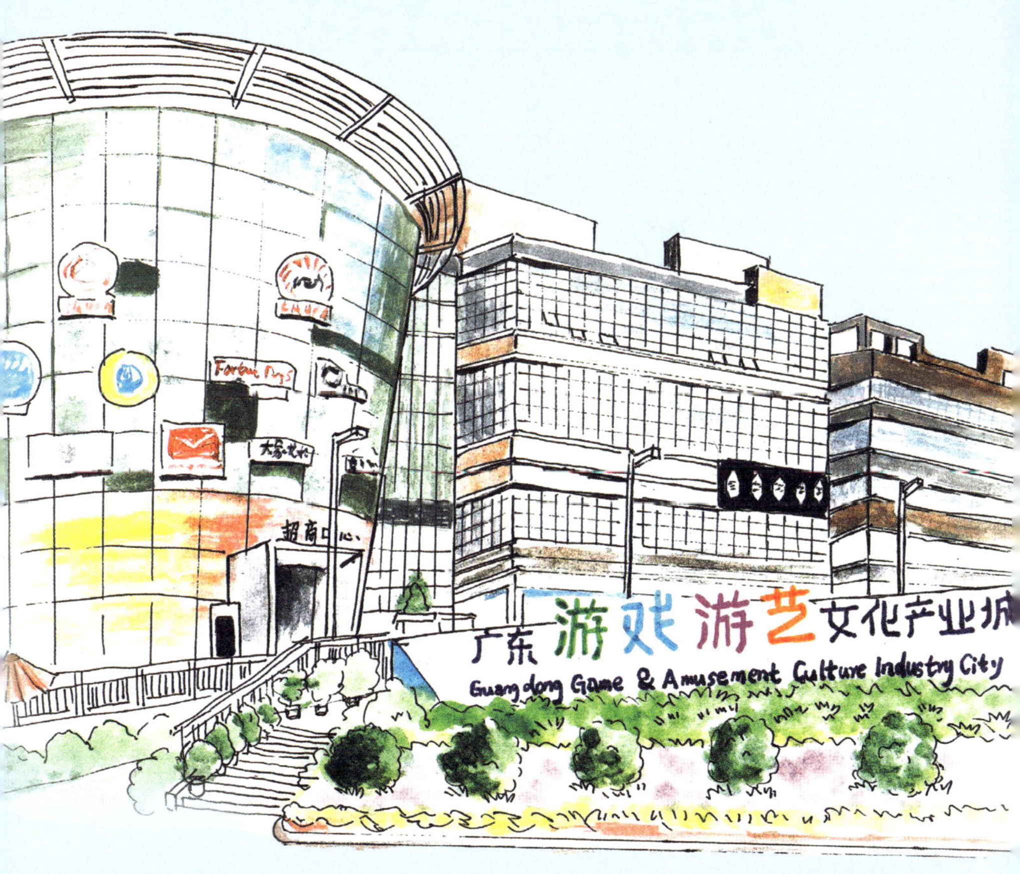

游乐场是每个人童年的美好回忆。梦幻的旋转木马、刺激的碰碰车、缤纷的波波池、摇晃的海盗船，总会深深地刻印在每个人的记忆里。长大后，我对游乐场的喜爱依旧没有减退，时常约上三五知己，到游乐场玩上几款刺激新奇的机动游戏，重温童年时的刺激和欢快。

梦幻的旋转木马，缤纷美好

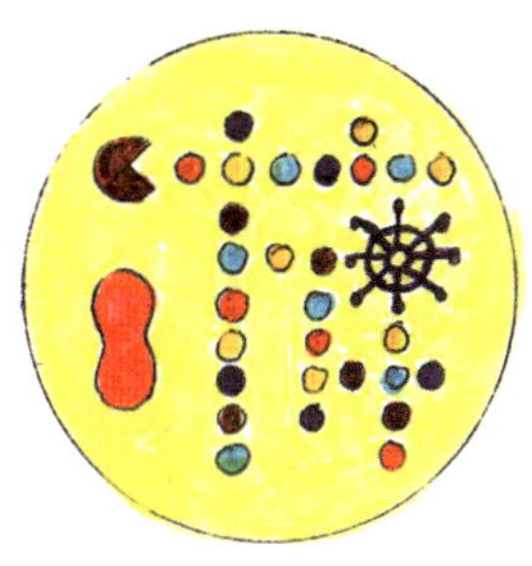

⊙游博会醒目的标志

1983 年 7 月，全国首个大型综合游乐场——长江乐园在中山出现。同年，全国第一家游戏游艺设备企业在中山诞生。作为中国游戏游艺产业的发源地，经过 30 多年的发展，港口已成为国内最大的游艺机生产、出口基地。

在镇上随意走走，不难发现，这里有很多大大小小的游戏游艺厂房和展厅，让人仿佛置身于一个庞大的游乐场。就连不起眼的地方，如药店、服装店、小吃店门前，也能看到五彩斑斓的游戏游艺机，如摇摆机、弹珠机，播放着欢快的童谣，不时有小朋友乐而忘返呢。

2007 年，由金马、金龙、世宇、智乐游艺为首的 14 家中山游戏游艺企业发起成立中国第一个地级市游戏游艺行业协会——中山市游戏游艺行业协会。2008 年，中山被国家行业协会授予“中国游戏游艺产业基地”称号。同年，首届中国（中山）国际游戏游艺博览交易会（简称游博会）成功举办，引来国内外专业人士的关注。至今，游博会已举办至第 9 届，成为了“中山特色名片”，把中山的“游戏游艺”特色产业发展推向了世界。

每到游博会举办之前，在镇内到处可以看见相关的宣传信息，大大小小的广告牌和指引牌竖立于醒目的地方。会场里有近百家从事游戏游艺产业的公司，对设计、研发、生产和销售进行展示和交流。每届游博会都吸引了很多行业内人士的关注。

2016 年的游博会与往常一样分两个会场举行，主会场依旧设在中山博览中心，分会场则设在位于港口的广东游戏游艺文化产业城，总展览面积达 75000 平方米。广东游戏游艺文化产业城是中山首个集科技研发、文化创意、软件开发、展示交易、产业服务、旅游体验于一体的文化产业项目。自 2014 年 7 月 11 日开建，占地面积 416 亩，建筑面积达 80 万平方米，成为 2015 年和 2016 年游博会的分会场。

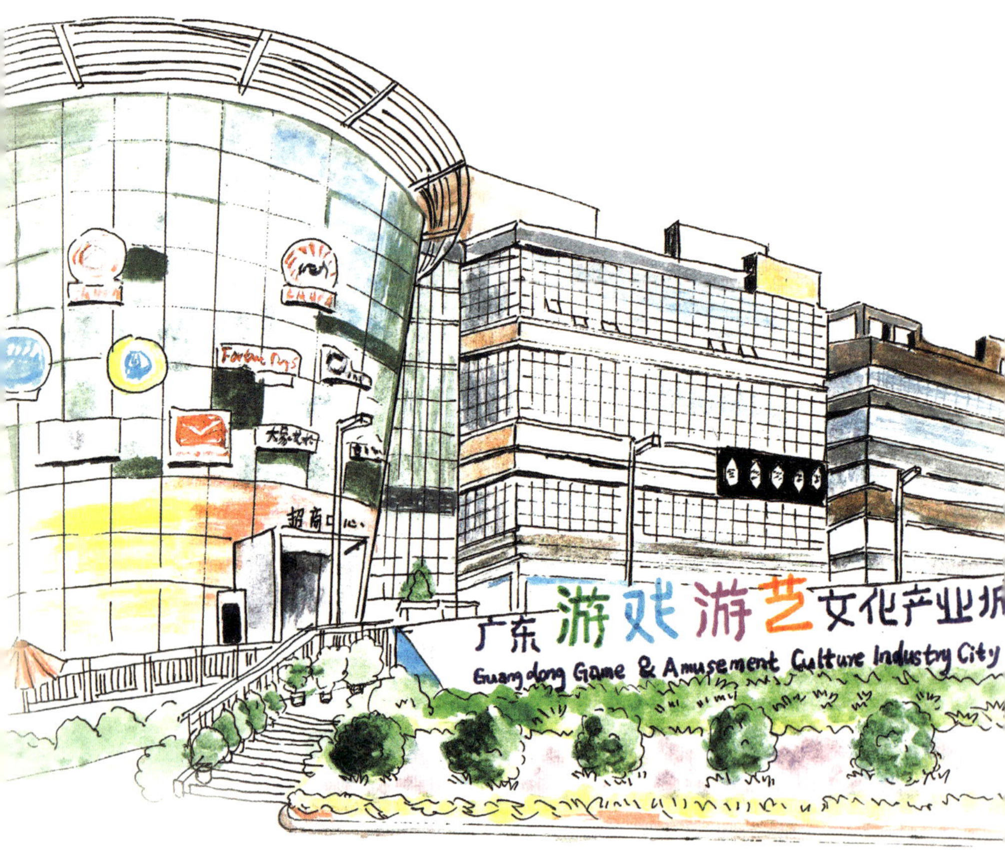

⊙最受家长和小朋友欢迎的“消防学院”游戏

在 2016 年的游博会上，智乐游艺公司向国内外客商展出了自行研发的“消防学院”系列游戏项目。该项目结合实景模拟、游戏互动等元素，将原本枯燥的安全教育常识很好地融入游戏当中，寓教于乐。以这个项目为基础，智乐游艺公司打造了一个可以供儿童实际操作的消防宣传教育培训基地——“智趣冰雪王国”，将消防安全理念、消防安全知识通过生动活泼的形式传授给儿童和青少年，使他们从小受到消防安全知识的教育和熏陶，从而形成既定的安全行为。

“智趣冰雪王国”是中山最大的情景式消防安全教育基地，也是省内最大的室内冰雪主题家庭游乐王国，经常为孩子开展“我是小小消防员”体验活动。小朋友可以开心过把消防瘾，体验逼真的模拟灭

智乐游艺公司自行研发了"消防学院"系列游戏项目

火场景，家长也可以放心陪孩子玩乐，增强亲子互动。当然，乐园里还有极地射手、奇幻乐园、冰雪 DIY、冰雪堡等游乐项目，同样寓教于乐。

孩子们可以穿上迷你的橙色消防服，学习扑灭火源及救人逃生的技能，加深对消防安全操作技能的理解和掌握。

每届游博会免费向市民开放，在促进游戏游艺文化传播和新技术交流的同时，也给当地居民带来了不少乐趣。建在家门口的“游乐场”给他们提供了体验最新游戏游艺设备的大好机会。

各式各样的游戏游艺设施遍布整个产业城，大人小孩均玩得不亦乐乎。整个产业城，在欢快音乐的氛围里、彩色灯光的闪烁下，到处欢声笑语，生机勃勃，富有活力。

⊙结合了消防演练和自救知识的“消防学院”

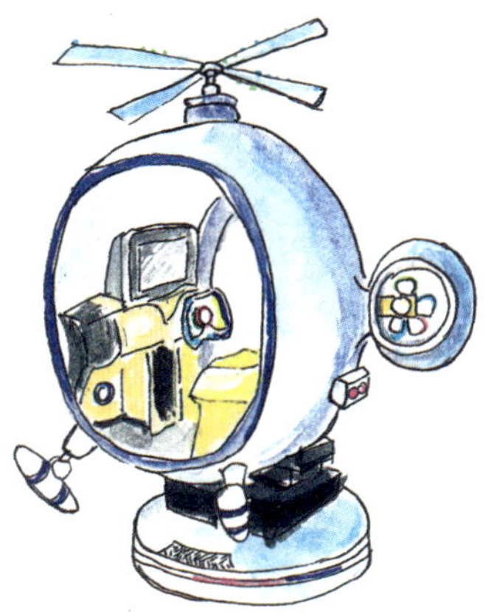

⊙精彩新奇的游艺设施

小女孩沉浸在骑行的游戏中

旧味浓郁的长堤路

盛夏的早上，感觉特别宁静。今天刚好得闲，就到西街桥边的长堤路走走。

长堤路只是一条不甚宽广的路，却见证了港口的历史变迁和发展，记录了人们一河两岸的生活。

东长堤在港口河边上，有港口旧时最繁华的码头。外公说，以前常有船从岐江出发，经过这里开往省城广州。这里的码头是整条航线上的重要港口，港口镇因此得名。

岁月渐远，说起往事的时候，很多老人家只记得这里曾有只大船叫“广州渡”。而我印象最深的是小时候常在岸边卸货的大船，船上一捆捆乌黑发亮的甘蔗最让人喜欢。

往东长堤走去，沿路的街铺成一字排开，大多已成港口老字号了，有配钥匙卖五金的五金铺，有小时候放学最喜欢去逛的水族馆，有卖冥钱香烛的香烛店，有卖手工编织的箩筐店，还有像哆啦 A 梦百宝袋那样应有尽有的供销社。即使附近开了各式各样的新商店，老街坊还是愿意到老店铺购物，店主仍旧为了做街坊生意而天天开门营业，风雨不改，他们之间仿佛有一种难以割舍的街坊情。

水族馆里的金鱼活力满满

东长堤以前还有人气很旺的超市（百惠超市）和理发街（“湿水街”），还有天天挤满食客的阿周食店，每天售卖一笼笼便宜美味的点心，如芋头糕、咸水角、马拉糕。后来附近的商铺渐渐多起来，现在仅留下几家供老人理发的理发老店了。

经过修建的长堤路，连栏杆都别致优雅

2016 年，有关部门对长堤路进行维修和改建，由新的西街桥起，两边的河堤铺上新的地砖和护栏。新的河堤成为了一道亮丽的风景线。

大榕树下，阿姨用着大凤凰牌缝纫机为顾客缝补衣服

我喜欢坐在花坛边，看人来人往

在长堤边，我更喜欢坐在树根盘绕的花坛上，看人来人往。在这里，时光仿佛停下了脚步。浓密的树荫下，老人家拿着大葵扇惬意地扇风乘凉。河边浣洗衣服的阿姨熟练地拍打着衣服，几拍一过水，几甩一拧干，衣服很快就洗好了。

经过长堤路时，刚好涨潮，水漫过了河岸的阶梯，微浪轻轻地拍打着岸边，这是我印象中的“码头”。这里以前停满了大大小小的船，虽有船笛声，并不嘈杂，反而略带清脆感。

今天，这里也停泊着几条小木船，与我记忆中卖甘蔗的船是一个样子——系绳拖到岸边、船上盖着几张帆布。我突然觉得小时候的回忆犹如甘蔗的清甜，长留不去。

这种手工制作的木艇，现在不多见了

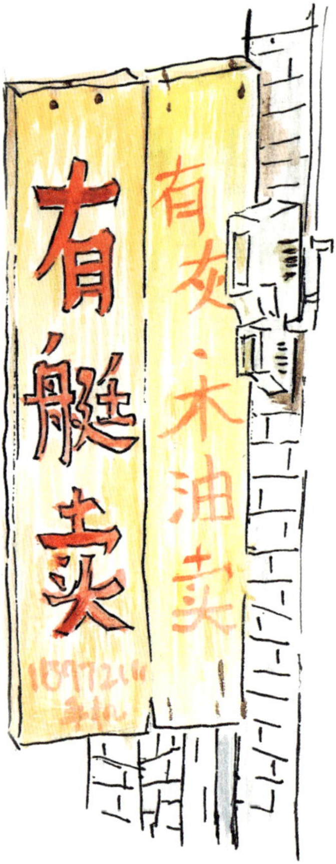

在长堤路，各家各户门前都挂着小招牌，不少写着“有艇卖”。这里已没有了以前的繁华，但保留了大大小小的作坊，仍然售卖纯手工制作的小艇。傍晚，在河边漫步，还能听到作坊里传出轻快的刨木声。

在一家作坊门前，一位弯腰工作的阿姨吸引了我的注意。走近一看，原来她正在为新的船桨刷油漆，刷完一根，斜睨着，又刷下一根……现在，这么传统的手工工艺已经越来越少见了，希望能够传承下去吧。

⊙木艇手工作坊门前的小招牌

以前的老西街桥呈“T”字形，有三个上下桥位置。从西街小公园起，跨过港口河连接东西两翼，分别在长堤的两边分开，长长斜斜地拐下来。老桥的正中间对着二马路，隐约可见港口大道上的圆形大花坛。

老桥拆掉后，新的西街桥从东长堤横跨港口河到另一边的西街村。新桥还多了个功能：桥面可以打开，让过往的船只通过。别小看这座桥，它可是港口第一座地方公路的启合桥。

我对长堤有着深厚的感情，它以前的繁华热闹是我美好童年记忆中重要的一部分，永存心底。

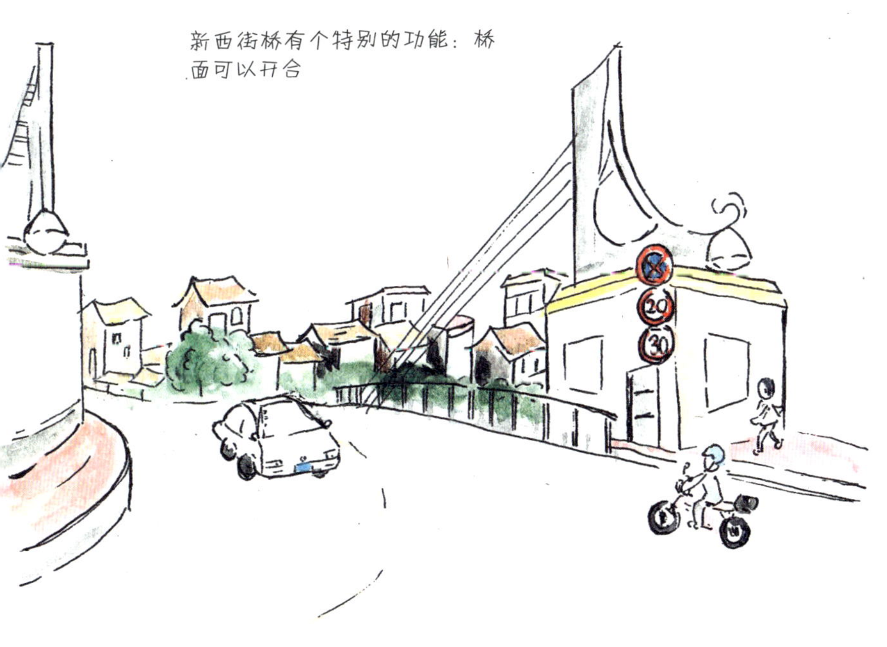

新西街桥有个特别的功能：桥面可以开合

多姿多彩的二马路

位于港口镇中心地段的二马路几乎可以说是“凡港口人都知道的”。在老港口人的眼中，这条仅长 700 米的马路是他们生活中的一个重要存在。

我从小在港口长大，常常能听到人们说：“今晚去食宵夜吗？”“好，咁今晚二马路见。”

“去买衫啰。”“走，去二马路买啦。”

“哇，你结婚的婚车好靓喔！系二马路边间噶？”

二马路的得名，据说是因为它是当时港口第二条大马路。马路中间铺设着石基台阶，两边各有一条车道。小时候觉得这条路的设计非常新颖。马路中间的石阶上种了一排高大的芒果树，为整条马路营造了一片阴凉。每逢芒果成熟的季节，二马路便飘出阵阵果香，树上的芒果看起来也十分诱人。

马路的两旁是店铺，有食店和日用品店，操办个人终身大事的婚庆店更是成一字排开，蔚为壮观。那里曾是无数少女流连的时尚潮流圣地，也是阿姨叔叔不可或缺的生活商圈，更是年轻人夜生活的好去处。

小时候，我经常跟着妈妈和哥哥前去二马路逛商店和文具店。走着走着，妈妈总会带我们到凯莉冰室“食冰”。那是我孩童时期最甜蜜的时刻，哥哥必点三色雪糕，我最爱“白雪公主”，妈妈最喜欢西多士和菠萝冰。在20世纪八十年代，“食冰”成了广东人夏天最热门的消暑活动，小小的冰室里设有木制的卡座，也摆满了小小的折叠桌子。前些天，为了重温儿时味道，我约上三五知己去了凯莉冰室，发现冰室里“神奇”地增加了一个经营品种——麻辣烫。这种搭配很新潮，颇受欢迎。环顾店里，这边一桌是一家人或几个闺蜜在吃雪糕

菠萝冰里有酸甜的菠萝，十分解暑

杂果冰里有青瓜条、木瓜条、胡萝卜条，酸甜可口

聊天，旁边一桌则吃着麻辣烫，喝着啤酒侃侃而谈，对面一桌是几个小朋友大口喝着菠萝冰，吃着刚炸好的西多士。在这里吃到的每款小吃几乎都是经典，承载了地道港口人满满的回忆。

西多士外脆内软，搭配奶香浓厚的炼乳，滋味无穷

最吸引人的是双色雪糕上的小萌伞

三色雪糕有三种口味，最受小孩子欢迎

怎么去：

乘坐K07、K02、022、019、021路到港口镇政府站下车，过马路往右走至马得利，然后沿着二马路直走约400米即可。

走在笔直的二马路上，细心的人会发现马路旁边有很多小巷子，看起来像经过了不少年岁。二马路两边的小巷子近 20 条，从马路边上开始往内伸延。这些巷子大都是相互连通的，任人兜兜转转，总能在某个角落或拐弯处看见熟悉的风景。

这里的小巷子像蜘蛛网一样，纵横交错，以二马路为中心一直通向远处的民居。这片巷子所在的区域属港口的旧城区，斑驳的老房子紧邻而建。

岁月把过去的痕迹刻在人们可见的地方，如生锈的铁窗、褪色的墙体。

这些老房墙体都斑驳了，但给人一种
怀念的熟悉感

静静的巷子那头，有个老人坐在家门前乘凉，一只慵懒的小猫咪蜷缩在花盆里，这个画面十分逗趣。

满满回忆的港口老街

在东长堤旁边有一条街道，因相对沿河的街道而言位置靠内，港口人俗称为“里街”。“里”字的粤语发音与“内”字近似，现在的年轻人喜欢称其“内街”，而它的正式名字是东大街。

20 世纪 90 年代，这里是港口商业最繁华的地段，街道两旁是以素雅风格为主的自建民房，居民住在楼上，楼下一层则作为商铺。

当时，村民要购置日用品都会来内街，这里开了好几家供销社。供销社出售的商品可多了，有生活用品、粮油食品和烟花爆竹等。那时，我颇感好奇，供销社明明只是一家十几平方米的小店，只要是人们想到的物品，里面却应有尽有。

这里承载了我很多的儿时回忆：上学用的第一个书包，暑假穿的第一双凉鞋，第一次看的课外书，上学穿的第一双袜子，全都是在这里买的。

内街里有一家新华书店，已经营了二三十年。每到周末，这里便挤满前来看书的学生和带孩子过来选购学习用品的家长。这家店多年来一直是全港口学习用品最齐全、教辅材料最多样的书店。最受小孩欢迎的是种类丰富的课外书，如《老夫子》《乌龙书院》等。

⊙有二三十年营业历史的新华书店

有一次，我好不容易地向妈妈要了十块钱，在这家书店买了人生中的第一本课外书——《格林童话》。蓝色的封面十分醒目，卡通图案很是可爱。抱着这本书，我异常激动，心想肯定得把这本书翻看个十来遍（事实上只看了一遍）。当时很流行和小伙伴交换玩具和书本，我用我的《格林童话》换来了小伙伴的《安徒生童话》。读完后，便聚在一起交流故事内容，轻松消磨一个下午的美好时光。

新华书店附近有一条排满理发店的小巷，人称“湿水街”，大概是因为它地处偏僻，常年没有阳光照射而潮湿积水吧。20 世纪 90 年代时，这里的理发店生意火爆，很多老人和学生都会前来理发。理发店价格亲民，店员服务态度亲切。可惜，能坚持到现在的理发店已所剩无几了。

当年，“湿水街”里的理发店生意非常火爆

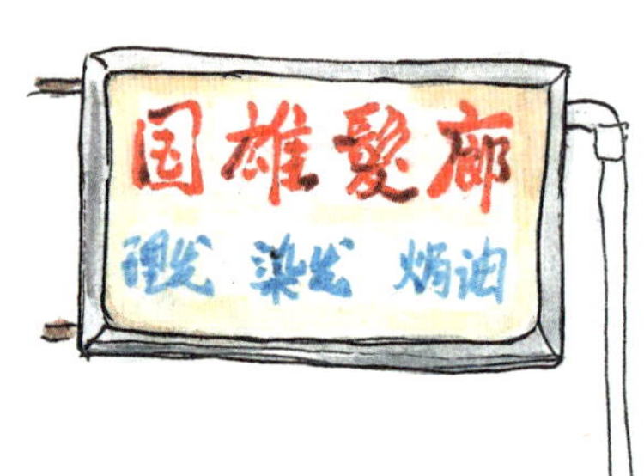

⊙俘获无数少女心的水晶苹果

⊙传统而缤纷的圣诞贺卡

内街商业繁华，还在于开有港口第一家超级市场——百惠超市。这家超市开业后，人们多会前来购置洗浴用品、零食等，一个个零食码堆吸引了众多嘴馋的小孩。超市的生意日渐火爆，供销社的生意越来越淡。

以前，内街中间还有一家精品店，每逢节假日便挤满前来购物的少女少男。店里不乏新颖的饰品、文艺范的精品、别致的贺卡、可爱的毛绒玩具。当时，朋友间赠送礼物时兴送水晶苹果和水晶天鹅，晶莹剔透的水晶精品俘获了无数粉嫩的少女心。

这里还汇集了好几家鞋店。每到新年，家长就会带着孩子前来购买新鞋子，当时，最受欢迎的是回力白布鞋和塑胶凉鞋。我清楚地记得，内街卖拖鞋的店是最多的。

鞋店里五颜六色的拖鞋，总能吸引小孩驻足观看

小朋友喜欢光顾的还有街尾的糖果店。大大小小的玻璃罐装满了五颜六色的糖果和饼干。虽然这家店的外观简陋，不像童话故事里讲的那样用糖果和饼干搭建成，却毫不影响小朋友对它的喜爱。

中山经济飞速发展，主城区的商铺多了，新奇的景点也多了。现在，港口的人已经很少去内街了，只是偶尔还会到供销社买点必需品。

这里的很多店铺已经关闭，只有少数老店仍在营业，如新华书店和两三家鞋店。店里的装修和摆设跟以前一样，好像时光并未留下太多的岁月痕迹。但愿这条老街能够保存下去，继续承载一代又一代人的怀旧回忆。

怎么去：

乘坐004路到西街桥站下，往东长堤方向走约500米，再往右侧巷子拐进去即是。

宁静的中山湿地公园

中山湿地公园位于港口镇中心，北靠银港中路，南依世纪大道，西接港福路，东邻港口大道，占地约 90 亩，是中山市内唯一以水文化为主题的生态湿地公园。公园设置了文化广场区、源泉园、景观园、岭南园四大区域。其中，岭南园融汇了玉兰轩、绮绣亭、石山水景、溪涧、层级地台等众多岭南园林元素。公园里有三个生态湖，涨潮时，潮水涌入公园的三个生态湖中，带来不少鱼虾；潮退后，生态湖就自成一体，滋养着湖里的睡莲、芦苇、水草和鱼虾。

公园与防护绿地构成了港口镇中心的“绿带内环”，为居民带来人与自然和谐共处的休闲生态环境。

沿木桥走过荷花池，阵阵荷香沁人心扉

漫步林荫小路，设计师与建设者的非凡匠心令人赞叹，实现了公园配套设施与湿地生态的有机结合，保持了整个区域自然生态系统的

完整性。湖边种有各种各样的水生植物，素雅的拱桥依偎着柔美的柳树。沿木桥走过荷花池，阵阵荷香沁人心扉，一切都是如此自然、和谐。

中山湿地公园位于港口镇中心，就像一块绿宝石，沉稳而高贵地矗立于众楼间，给灰色调的水泥马路和钢筋混凝土带来一片盎然的绿意和生机。

公园里水道密布，仿佛是中山水乡的再现。白墙灰瓦的建筑，依水而建的亭阁，木桥与拱桥交相辉映，把岭南风情的庭院表现得淋漓尽致。

素雅的拱桥依偎着柔美的柳树

中山湿地公园为中山城区“北大门”提供了良好的休闲场所。镇领导和民众一起参与的“健步走”、志愿团体组织的公益活动都在这里举行。这里不仅能给人们带来休闲欢乐，让人们与大自然进行零距离接触，更能记录和体现港口特色的风土人情。

公园的假山石上题有“岭南水乡”四个大字，优雅古典

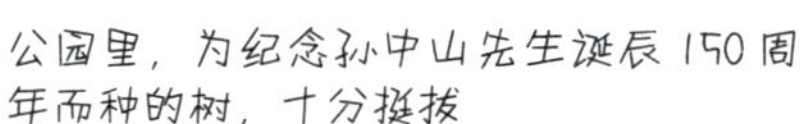

公园里，为纪念孙中山先生诞辰 150 周年而种的树，十分挺拔

小小的路灯，题上了诗句，
古香古色

圆形的木门，在绿色小花
坛的衬托下，更显雅致

怎么去：

乘坐021路到世纪西路站下车后往保利广场方向走，到红绿灯路口左转即可。

小桥流水，清静安谧

小提示

中山市计划到 2020 年底建成 20 个湿地公园。目前全市湿地公园的建设正在加快进行，到 2016 年年底，港口镇中山湿地公园、东凤镇莺歌咀水文湿地公园、南头镇水上运动公园、板芙镇滨江湿地公园、东凤镇和穗湿地公园、民众镇浪网十灵湿地公园等 9 个各具特色的湿地公园已落成开放，为市民提供了游玩的好去处。

港口这里最好耍

休闲惬意的港口墟

十几年前，港口人要去逛街，第一时间想到的肯定是石岐。现在，镇上有了很多吃喝玩乐的地方，美食街、文化广场、休闲小店、甜品店等，应有尽有，他们在家门前就可以开心享受城市生活。

每逢农历初一、初四、初七，便是人头涌涌的港口墟。大大小小的摊位摆设在港口市场后门左边的空地上，一个紧挨着一个。“去行港口墟啦”成为老港口人日常约见的亲切台词。

听老人家说，以前的港口墟设置在港口河边的码头，每到墟期，各种农副产品便经水路运输过来。装满水果和鱼鲜的木船停靠在码头旁边，有些小贩直接在船上叫卖，有些则把商品搬到岸上摆摊叫卖，场面十分热闹。在超级市场还没有开到镇区的时候，这个墟市是村民购物的好去处。后来城镇重新规划，大部分社区开设了菜市场，镇中心还设立了一个中心市场——港口市场，于 1995 年入驻兴港路一带，传统的港口墟才停办了。

每到墟期，各种农副产品便经水路运输过来

今天，港口墟易地迁至中心市场，依然热闹非凡，售卖的商品更多。靠近港口市场后门的是一些奶茶店，还有卖头盔袜子的小摊。从大路拐进去，看见一个个蓝色的帐篷便能辨认出港口墟摆摊的位置。靠近大路边的摊档主要卖内衣内裤、被子枕头，缤纷的颜色，甚是养眼。往里走，还没看见具体的摊位，便能听见小贩叫卖中草药的声音，洪亮有力。再从里看，几乎全是卖袜子、内衣、被子的，让人眼花缭乱。其中夹杂几个卖杂物的小摊，电子喇叭不断播放："10 元 3 件，10 元 3 件！"

墟市里，卖茶叶的摊档前人来人往

记得小时候跟着妈妈去赶集，我和哥哥最喜欢驻足于市场后面的小桥头，那里摆卖各种小宠物，如小狗、小猫、小鸭子、小鸡等。宠物用笼子关着，或用绳子绑着。只要看到有人走过，聪明的小狗便会对着他们摇头摆尾。活泼的小猫咪会抬起头来睁开眼睛，对人撒娇般地蹭手蹭脚。逗玩小猫和小狗，成为我每次逛港口墟必做的事。

卖气球的老爷爷常年在港口墟售卖气球

怎么去：

乘坐022、021路到港口市场站下即可；或乘坐K07、K02路到港口镇政府站下，过马路往左走约500米即到港口市场。

“天羽”来啦，畅意来玩

想不起具体从什么时候开始，在港口工业大道 1 号突然屹立了一座大型体育馆。这家体育馆场地总面积超过 4000 平方米，上下两层，拥有多达 15 个国际标准化羽毛球场。它的霸气让我很快记住了它的名字——天羽体育俱乐部。

这里以前是民主小学，后改建为中心幼儿园。幼儿园搬迁后，这里便建起了体育馆。门口那棵树干虬盘的大榕树，据说已有上百年历史，见证了这里的变迁。

天羽体育俱乐部是坤记文化产业集团旗下的产业项目，该集团还拥有坤记餐饮、坤记乒乓球培训基地、NOVA 娱乐等。其中，坤记餐饮即坤记岐港渔邨，是本土饮食企业的“常青树”，服务广大街坊已有三十多个年头。

天羽体育俱乐部是中山首个大型的文体综合馆，内有室内攀岩场、羽毛球场、射箭场、健身馆、淋浴房、汗蒸房、餐吧、会所、运动装备专卖场、停车场等。

俱乐部经常与文体和教育单位合作举办羽毛球比赛，有时还邀请国内著名羽毛球健将来参与，引得全场喝彩。

天羽体育俱乐部还挂牌成为民主社区青少年羽毛球训练基地，每个星期二白天免费向民众开放，让他们有更多的机会体验羽毛球运动带来的乐趣。

俱乐部里偌大的羽毛球场，十分气派

我的哥哥酷爱羽毛球，不管上班多忙多累，每天下班后都坚持去打半小时羽毛球。他说："运动一下出出汗，然后吃点喜爱的食物，和朋友品品小酒，畅谈一番，人生何求啊！"打羽毛球已成为他生活中重要的一部分。

怎么去：

乘坐004、055路到东长堤路南站下即是。

亮眼的新文化中心

我的外甥女是个爱跳舞的小姑娘，每逢暑假就到港口镇兴港文体中心参加舞蹈培训班，练得一身好舞技。文体中心在港口旧壹加壹超市隔壁，占两层楼，一楼是连排的商铺，售卖电器、文具、奶茶、小吃。这里承载了无数欢声笑语，见证了一个个孩子的健康成长。

2016年6月，兴港文体中心搬迁至世纪大道与兴港大道交会处，以港口镇新文化中心的面貌呈现于市民眼前，让人眼前一亮。

经过几个月的紧张建设和调试，港口镇新文化中心从2016年9月1日起正式对外开放。它占地约18亩，建筑面积2500多平方米，配套5000多平方米的文化广场和舞台，直接投入建设资金达6000多万元，规划有青少年活动中心、图书馆、美术室、舞蹈室和展览厅等。对外免费开放的有老年人活动室（社区乐）、图书馆、阅览室、舞蹈室、多功能厅、美术室、书法室、武术室、培训室等。

文化中心从周一到周日均对外开放，上午 8:30 开门，晚上 9:30 关门。星期一除了图书馆休息（补休）外，其他功能室照常对市民开放。

该中心自建成投入使用以来，深得民众喜爱，成为民众主要的文化活动区，为丰富民众文化生活提供了很好的场所。

我决定了，每逢周末就到新文化中心的图书馆读书，拓宽自己的视野，哈哈！

怎么去：

乘坐022路到港口市场站下，往后走约200米即可。

小提示

港口市场不仅有墟市，附近还有很多大型的百货超市，如富民百货、盈华百货，一派繁华景象。后门正对的街道排列了整齐的水果摊档，种类繁多。无论白天还是夜晚都热闹非凡。到了凌晨三四点，港口市场正门仍是喧嚣不断。每到凌晨便有农民聚集在此批发售卖蔬菜瓜果。这些蔬果大多是农民自家种植，采摘后马上运过来的，特别新鲜，让人忍不住购买。

三月二十三，天后娘娘的“生日”

天后宫内堂供奉着的天后娘娘神像庄严肃穆

每年农历三月二十三日，对港口人来说是个重大的节日。这天是天后娘娘的“生日”，即人们常说的“天后诞”。在我印象中，每年天后诞前一天似乎都会下大雨，奶奶说这叫“洗街雨”。大雨把街道冲洗干净，以便迎接天后娘娘的生日。

港口天后宫始建于明崇祯元年（1628 年），清朝时两度重修，1958 年毁于一旦。1999 年，在当地信众的支持下异地重建，十多年来一直香火鼎盛。

濠口天后宫，坐落于浅水湖河与濠口沥河交汇处，
是中山镇区较早供奉天后娘娘的庙宇之一

港口天后宫，坐落于浅水湖河与港口沥河交汇处，占地 27000 平方米，是中山镇区较早供奉天后娘娘的庙宇之一。2012 年 4 月 13 日（农历三月二十三日），经中山市民族宗教事务局登记，港口镇天后宫正式挂牌，正式从一座乡村庙宇转变为中山市首个合法的道教活动场所。

港口以前水路较多，人们的工作很多时候在水上进行，如打鱼、货运、买卖等。为祈求天后娘娘庇佑，村民修建了天后宫，专门祭祀天后娘娘，望其保佑渔民丰收，出河顺利。每过几年，便有村民集资对天后宫进行修葺翻新，以示对天后娘娘的敬仰。

以前，未经修葺的天后宫正门有一块花岗岩石碑，横刻着三个金色的楷书大字“天后宫”，在碑的右边书写“辛亥年冬”四个大字。据那里的管理人员介绍，“文化大革命”时，这块 3 米长的石碑被拆下来放在田边的小溪上当桥板，后来掉入了 1.5 米深的溪底。重修庙宇时，请了好几个人才把它打捞上来。早年还有两块石碑放在宫门旁，分别刻有“修建碑记”和“甲申碑记”，内容主要是捐款者名单。可惜石碑已经残缺，上面的文字都磨损看不到了。

天后宫门前的石像高大威武

如今，天后宫修葺一新。目前有两个主要的入口，民众多从紧靠东长堤牌坊的门口进入。宫门前后有大树遮挡，给人一种遗世独立的美。我特别喜欢这种感觉。

每年农历三月二十二日的晚上 11 点，我都会跟着奶奶来到天后宫祭拜，当然少不了要带上几大袋元宝蜡烛和水果。虽然已是深夜，但天后宫里灯火通明，人声鼎沸。庄严雄伟的寺庙在昏黄灯光的衬托下，让人产生如梦如幻的感觉。人们会赶在夜晚 12 点前进入天后宫，把香烛点着，并在寺庙香炉鼎前占据有利位置。夜晚 12 点，大钟敲响，人们争抢着把手上的香烛插进巨大的香炉鼎里，心里默念对天后娘娘诞辰的祝福，祈求天后娘娘庇佑自己和家人来年一切平安顺利。

奶奶在虔诚地上香，祈求来年一家平安

当天晚上，上头炷香是重点，但还要给庙宇各室的神像上香，然后把祭品拿到内堂祭拜。摆好祭品后，奶奶把准备好的垫子拿出来垫着双膝跪下，便开始呢喃，念念有词，和天后娘娘说悄悄话。放眼望去，内堂摆满了各色祭品，足见人们的虔诚。

奶奶说完悄悄话后，便是我最喜欢的活动——添香油。我先走到天后娘娘桌前的烛台添上一点油，然后撞一下大钟，敲敲铜锣，转转盘，花样很多。每完成一样，奶奶就把零钱递给我，让我放到箱子里，感觉像捐款一样。

祭拜完出来已是深夜，但信徒完全没有减少，反而更热闹了，因为“大戏”（粤剧）开始上演了。奶奶跟我说，大戏是从农历三月二十二日晚开始演出的，连演几晚，是演给天后娘娘和其他神灵看的。

天后宫另一个入口前有一对威风凛凛的石狮子

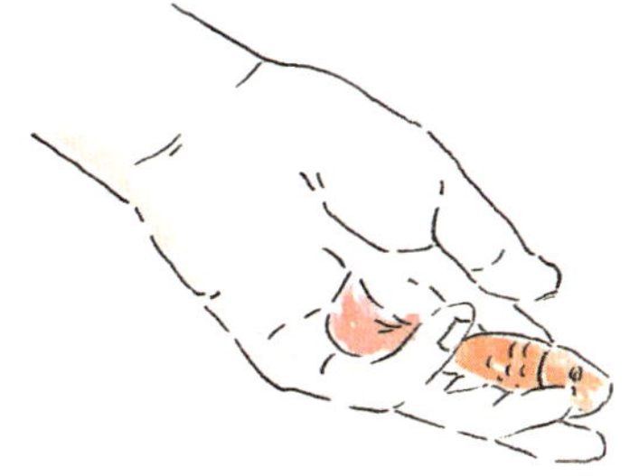

我轻轻地抓起小鱼，把它放到河里

农历三月二十三日白天，奶奶会带着我再次来到天后宫。这次我们带着一桶小鱼，来到天后宫旁边港口河的长堤放生。我小心翼翼地顺着阶梯走近河边，舀起小小的鱼儿放到河中，看着它们游向远方，在自由的天地里遨游。

放生活动之后，便到了吃饭时间，天后宫里大摆筵席。前后的空地摆了上百桌，座无虚席，场面非常壮观。供应的只是口味清淡的素菜，但也吸引了大群食客，主要是信众。奶奶每次都会带着我，和她的朋友坐在一起，开心品尝款式多样的素菜。

时至今天，我依然喜爱健康的素食，与宗教信仰无关，爱的是一份情怀和一口独特的美味。

怎么去：

乘坐022、019、021路到港口镇政府站下车，步行约1100米即到。

二月初二，土地公诞

在港口的村里，时常见到一座座红色的小庙宇，临水而建，供奉掌管一方水土的土地公。有的村子会有几座这样的小庙宇，它们所管辖的地区不一样，人们俗称为“社”。

常有人问我：“你家属于哪个社？”意即你家那条村是哪一个土地公掌管的。

俗语说“有土斯有财”，在古代农业社会，民生日用衣食所需均取自土地，所以古人对司管土地的神灵十分敬重。

相传，土地公从小聪颖孝顺，长大后担任朝廷总税官，为官清廉正直，体恤百姓之苦，做了不少善事。他去世三天后容貌不变，一些贫苦人家颇感神奇，便用石头围成石屋，在内对其祭拜。不久后他们便由贫变富，周遭百姓都认为是他们得到了土地公的神恩保佑，于是合资建庙将其供奉起来，希望他能驱邪逐怪，保佑村里人畜平安。这个民间故事成了道教的神话传说，流传至今。

庙不在大，有仙则灵。土地公的官位并不高，可以说是官阶最低的神仙，却掌管数量最多的庙宇，且最受地方百姓爱戴。

港口每条村子的土地庙通常都不大，也就几平方米，供奉土地公神位，或者摆放一土地公神像，或以一两块人形石头充当土地公。有土地公公，当然就有土地婆婆，因此，不少土地庙将土地公公与土地婆婆一起供奉起来。

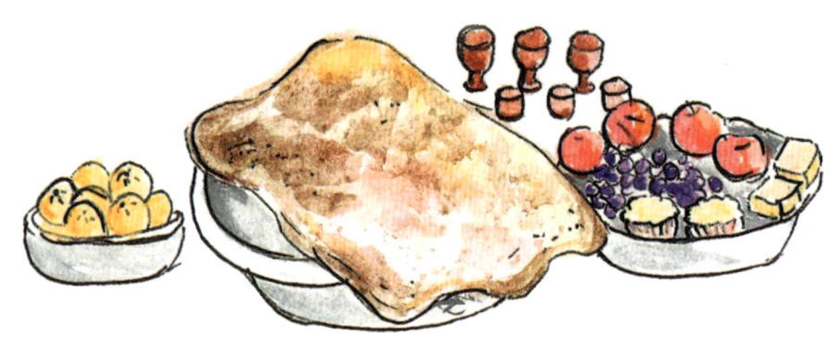

给土地公公的供品肯定少不了美味的烧猪和水果，还有几杯小酒

每年农历二月初二，人们都会举行土地公诞给土地公生辰祝寿。这天早上，很多人天未亮便开始准备，当天的“节目”很多。孩子们还未睁开眼睛，便可听到不远处土地庙人声鼎沸，锣鼓喧天。喜庆的舞狮鼓乐和鞭炮声吸引大批街坊前去观看和上香，场面十分壮观。

人们多用点放鞭炮的形式来给土地公公庆生

小时候，每到农历二月初二，妈妈都会带着我和哥哥去理发，说小孩子在土地公诞“开个刀”便会得到土地公公的庇佑，以后不会掉进河涌里。不知道这个说法从何流传而来，反正每到这一天，村里的理发店门前都会挤满前来理发的小朋友。时至今天，这个说法依然流传，连我的小外甥都深信不疑。小朋友都喜欢称土地公为“土地公公”或“土地爷爷”，很是亲切。

土地公诞那天，民众白天烧香拜佛，重头戏安排在晚上。村中的大家族或大家庭会订购酒席，常常是宴开百桌，座无虚席，场面非常壮观。厨师们现场开灶，有条不紊地煮上百桌菜，忙得不亦乐乎。帮厨很多是附近邻里，就当做一回义工，为酒席添上一份浓浓的人情味。

为了庆祝土地公诞，阿姨自愿当上帮厨，现场准备宴席

小小的土地庙白天香火不断，到了晚上开席之际更是香火鼎盛。每个前来参加土地宴的街坊都会先到庙里添香油再上香，祈求土地公保佑来年顺利平安。

宴席开始前是最受人们欢迎的拍卖活动，由拍卖头炮开始。头炮即第一串鞭炮，是最多人期盼和争夺的。特别是生意人，他们都希望拍得头炮，寓意来年能一炮而红，生意红红火火。之后，还有各式各样的“好意头”项目拿出来拍卖，拍卖所得款项会用于土地庙的建设和香烛祭品的购置。每年的拍卖活动，既可以拍到心仪的物品，拿个彩头，又可以做善事，一举两得，街坊们都十分捧场。

村民围桌而坐，有说有笑

港口返寻味

坤记岐港渔邨

“老战友，18 号是我生日，在坤记摆了几桌，到时早点到啊。”

“兄弟，我下个月结婚啦，在坤记摆喜酒，到时带上嫂子过来吧。”

“姐，我宝宝 16 号满月了，在坤记订了酒席，到时带上你家宝宝过来玩吧。”

如果你是土生土长的港口人，或者在港口生活了一段时间，对这些宴请应该非常熟悉了。不知道从什么时候开始，本地人摆喜酒，都会第一时间选择坤记。

坤记岐港渔邨，本地人习惯称为坤记，位于港口繁华老城区的岐港大道广安街，大门口正对南九中桥，斜对面有个大停车场（以前是个小公园），位置优越，交通便利。一下桥，醒目的坤记招牌便呈现眼前。

现在，如果家里来了客人，人们都喜欢带他们到坤记吃饭，尝尝港口的地道美食。坤记做的乳鸽和海鲜非常美味，和亲朋知己一同分享，最合适不过了。听说这里所用的食材是梁老板每天亲自去选购的，十年如一日，以保证食客吃上最新鲜的好食材。

港口老城区的酒楼并不多，坤记算是“一方霸主”。由于地处老城区，坤记附近的民房大多古旧和狭小，居民有喜庆的事便想到在坤记摆酒宴客。刚开张时店面不大，但应付一般宴席还是绰绰有余的。后来，坤记的生意越来越火，把隔壁的民房也租下来，空间更开阔，宴席场面十分气派。

到坤记吃饭，众人必点烧味拼盘、盐焗乳鸽、鸿运烧猪、冬瓜盅，当然还有嫩滑的客家酿豆腐、鲜嫩的冰镇白切鸡、爽脆的小榄鱼球、香气四溢的芝士焗龙虾……“土豪”的食客会加点鲜汁鲍鱼以饱口福。

⊙冬瓜盅

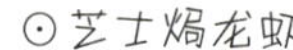

⊙芝士焗龙虾

⊙鸿运烧猪

⊙烧味拼盘

⊙盐焗乳鸽

现在，港口的餐饮业如火如荼，水禾园一期对面的港龙和大友、俊诚海逸酒店隔壁的金上濠大酒店、美景西路的桂花大酒店等，都可以举办宴席，但街坊大多还会选择坤记。我想，大多数人选择坤记并不全是因为这里的出品新鲜美味，也不仅仅因为价格更亲民，更多的应该是坤记为街坊服务的情怀。这里的装潢有着怀旧的气氛，厨师和服务员与街坊有着共同的家常话题，美食有着传统的味道，更能完整还原本地人小时候的滋味，让每个离乡工作的游子在回乡探亲之际找回熟悉的味道，让家乡的温情和味道萦绕心中，一年、十年、一辈子。

港口人但凡摆喜酒，都会第一时间选择坤记

我想，坤记的味道或许是港口人除了家常味之外的第二个熟悉滋味。据说，这家老店开了30多年，员工变动甚少，想必老板与员工已建立起深厚的感情，成了相处融洽的一家人。

怎么去：

乘坐004、055路到南九桥东站下车即可。

蓝 爵

“蓝爵”这个店名，有点文艺范，也带点蓝色的清新色彩，虽然有些人觉得这个名字很陌生，但到达店面一看，熟悉感便会油然而生。

蓝爵位于港口市场后面的翠港路。每到早上和中午，这里便人声鼎沸，很是热闹。店里的招牌菜是粤式点心和荷叶蒸饭，还有各式粥粉面。这种食店很多地方都有，但在港口市场这一繁华地段，店铺一家接一家，能够坚持 20 年之久的老食店不多，蓝爵是其中一家。

蓝爵的特色美食是粤式点心和荷叶蒸饭

蓝爵的店面不大，装潢普通，但出品得到了街坊们的一致认可。街坊们喜欢早上去那里喝上一碗瘦肉粥或鱼片粥，配上一笼可口的点心，坐上一会儿，聊聊家常，到点便去旁边菜市场买菜回家做饭，轻松惬意。

一笼笼点心叠放在蒸箱里，白烟升腾，随风飘散，包子的甜香、糯米鸡的荷叶香、肉丸的肉香，唤醒每位早起的人，给人以满满的正能量。

我喜欢吃这里的牛腩面。浸泡在汤汁中的面，不绵不烂，嚼劲十足。与牛腩完美搭配，送入口中，面的清香加上牛腩的质感，吃多少都不会腻。最后，来一口清汤，将留于齿间的香味缓缓送进胃囊。哇！满足感加上幸福感油然而生。

⊙很有弹性的牛腩面

⊙肉香十足的瘦肉粉

怎么去：

乘坐022、205、021、019、055路，到港口镇政府站下车，往翠港路走100米左右即可。

尖东食店

萧瑟的秋风，唤醒了人们围坐吃羊肉煲的食欲，而港口人每次说起吃羊肉，肯定少不了尖东食店。在长堤路还没有修建前，长堤边上有很多家吃羊肉煲的食店，可谓一路飘香。之后，长堤面临修建，一家家羊肉食店被迫关门停业，而尖东食店决定搬迁，继续售卖特色的羊肉煲。看着尖东食店从一家小小的店铺做到现在全港口乃至相邻镇区的人都慕名而来的大食店，我的心里为之感动。

店里，阵阵的羊肉香随着轻烟飘往远处，引来无数饕客。记得小时候的一个冬天，我们一家人来到长堤边上的大排档吃饭，看着十几家食店沿河而建，一字排开，灯火通明，实在让人惊喜不已。食客最多的往往是尖东食店，那时，尖东这个店名已成为羊肉煲的代名词，传遍全镇。

现在的尖东食店由原来的东长堤搬到了兴港中路，靠近港口理工学校的西北门。搬迁后，店面并不大，没有华丽的装潢，却热闹非凡，引来更多怀念长堤羊肉香的食客前来尝味。每到晚上开市，各处的食客便寻着羊肉的香味驱车而来，只为满足小小的好奇心或怀念熟悉的味道。

怎么去：

乘坐205路到港口理工学校下车即是。

最中意的排骨饭

说起港口的地道美食，我第一时间想到的不是蕉蕾粥而是排骨饭。港口镇的排骨饭深受港口人的喜爱，早、中、晚三餐几乎都可见到它的身影。卖排骨饭的大店小铺分布于港口各村，哪家味道最好可就因人而异了。我最喜欢的排骨饭店有三家，它们的出品烹调方式不同，吃法不同，风味独特。

最受欢迎的排骨饭和排骨猪肠粉，肉香、粉嫩，完美搭配

建在桥边的西街桥食店

新西街桥建成后，来往的人流量大，建起的食店也越来越多，西街桥食店是其中一家，因排骨饭肉嫩汁多而吸引了很多“吃货粉丝”。店内装修简单，每天却坐满食客，大多是邻近街坊，三四十岁的中年人和小学生居多。据说这家店的老板每天凌晨 2 点便起床煲制牛腩、熬煮粥底和汤底，6 点开始营业到 10 点多。每天早上 7 点至 8 点半是人气最旺的时候，想要找到一个空位坐下来也不是件容易的事。

独特的酱汁和姜汁是这家食店排骨饭热销的关键。老板娘每天下午 3 点便开始调制酱汁和姜汁、腌制排骨，保证每位食客都能吃到口味适中的排骨饭。

怎么去：

乘坐004路到西街桥站下车，下车即可看到醒目的招牌。

大名鼎鼎，牛奇排骨饭

港口有一家排骨饭店每天客似云来，很多人慕名前去。它并不在繁华的商圈，早上、中午却很多人去点同一样食物。它就静静地“待”在沙港路边上，静候食客的光临。在这条路上，不少食店一字排开，细心的人会发现，这里所有店铺的招牌菜都写着排骨饭。这里有家店曾搬迁过，现在依旧门庭若市，还上过电视节目《舌尖上的港口》。它就是闻名遐迩的牛奇排骨饭店。

老板娘小心翼翼地把排骨饭放进蒸笼里

排骨饭的精妙在于软绵的米饭配上肉香汁多的排骨。我吃过不少排骨饭，风味最纯正的当属牛奇排骨饭。我想，牛奇排骨饭店出名的原因之一在于它精心选用优质大米，蒸出来的米饭粒粒分明，吃上去带有嚼劲，软硬适中，还略带清香。如果你不喜欢吃排骨，没关系，这里还有酿苦瓜、酿青椒、蒸鱼、蒸肉丸和白切鸡，配上一瓶怀旧的樽装维他奶，可谓人生一大乐事。

这里从清晨开始就有很多食客，如果不想排队或者想安安静静吃饭，建议避开吃早餐的高峰时段，但一定要赶在午饭前，早上 9 点至 10 点是相对合适的时间。

这家店价格公道且出品“超正”，每到中午时分便有很多路过的司机停下车来吃饭。这时候来吃饭，可就得排队了。

街坊们每天都会到店里小酌几杯，在没喝完的酒瓶上写上自己的名字，留待下次再来

怎么去：

乘坐025路到穗农站下车，步行100米即是。

家喻户晓的无名小店

如果你来到港口，不知道去什么地方能静静吃点地道美食的话，我推荐你去另一家名气小店，它的出品能媲美牛奇排骨饭店呢！只是地理位置有点偏僻，若非当地人很难找到，所以需要导航前往。

这家店在下南的前进村，从外表看是一家普普通通的民房，且需从一条不显眼的村路进去，位置隐蔽，却完全遮盖不住它的美味飘香。在大南片区，只要说起排骨饭或煲仔饭，食家都会直指前进村的这家店。店无名，却家喻户晓。

牛奇排骨饭是蒸出来的，这里的排骨饭则是煲仔饭。要提醒的是，这家店只在晚上营业，一直到深夜 12 点。如果要品尝其招牌菜——排骨咸鱼煲仔饭，最好早点去，不然很快就卖光了。

排骨咸鱼煲仔饭，香喷喷，
很有口感

香喷喷的煲仔饭端上来后，不妨先闻香。白色的热气从煲仔中飘升起来，饭香夹杂着肉香味和咸鱼香味，让人垂涎三尺。两三分钟后，便可揭开煲仔盖开吃了。排骨的肉汁渗入晶莹剔透的饭粒中，配上香气独特的咸鱼，食客狼吞虎咽，欲罢不能。

吃腻了排骨饭，可以换换其他口味。这里还有多种款式的煲仔粥，如鸭下巴粥、粉肠粥、猪肝粥等，任由食客自由选用。

这里主要做街坊生意，所以老板讲究用料新鲜，每天早早便亲自到市场采购食材。每次采购的量不会太多，保证每天使用的食材都是当天采购的。

鲜美的猪肝粥，分量十足

怎么去：

乘坐075路到三七队桥头，下车往前走约250米即是。

地道水乡滋味

草菇粥

在港口大南片区有一种地道食材，叫草菇。它貌不惊人，外表灰白，小个子，圆圆胖胖，看起来像不倒翁，长大一点撑开了，菌盖就像一把伞。

草菇，港口人称作“秆菇”，因为它和“秆”有着不可分割的关系。秋季，村民收割稻谷后留下一把把稻秆，有人用来烧水煮饭，有人用来捆绑蔬菜，也有人用来种植草菇。

⊙身材圆圆胖胖的草菇

种植者称草菇为“踩秆菇”。村民们把晒干的稻秆堆在一起，加点水任其发酵。过些日子后把发酵好的稻秆和湿润的泥土混合起来，用双脚在上面反复踩揉。待稻秆和泥土完全混合一起并发酵一段时间，即可撒上已经培育好的草菇菌。一层秆和泥，铺上一层草菇菌，再盖上薄膜保温保湿，让其生根发芽，不久即可长出一朵朵鲜嫩的草菇。

⊙草菇炒肉片

草菇是一种很好的天然食材，带有菌的香味，更带有稻秆的香气。但现在市场上充斥着很多非传统方法种植的草菇，大多是用化学肥料种植的，味道大打折扣。如果你有幸寻到正宗的大南草菇，品尝过后，其鲜味定能让你难以忘怀。

地道推荐：草菇粥

材料：草菇、瘦肉、大米、姜片、葱花各适量。

做法：

1.把大米洗干净，放入盐和油腌10分钟（这样煲出来的粥更软更绵）。

2.把水放锅里煮开，放入姜片和腌好的米，开火煮粥。

3.把瘦肉切片或剁碎，放盐、油和砂糖拌匀备用。

4.把草菇根部的泥去掉，洗净对半切开（如果想菇味更浓，可以选择已开“伞”的草菇）。

5.煮大概40分钟，待米开花、粥浓稠时加入草菇。

6.粥再次沸腾后加入瘦肉。

7.待瘦肉煮熟即可熄火，盛入碗里，撒上葱花，地道鲜美的草菇粥就完成了。

蕉蕾粥

在中山，只要说起蕉蕾粥，大多数人会想到这也是港口镇的特色美食。是的，因为港口大南盛产香蕉和芭蕉。蕉的品种很多，有香蕉、芭蕉（又称大蕉）和粉蕉等。香蕉是人们熟知且最常见的；芭蕉短而粗，尾部大多呈三角形，在超市并不常见；粉蕉更加短小，表皮带有一层白白的、像面粉一样的粉状物。

并不是所有品种的蕉蕾都可以用来做菜。香蕉的花蕾带有苦涩的味道，所以不建议采用。选用芭蕉花蕾（蕉蕾）最为合适，其味道清爽，带有新鲜芭蕉叶的清香，且不苦涩。

蕉蕾可以炒菜煎蛋，也可以煮粥，食用范围广，功效也多。蕉蕾含有大量的蛋白质、维生素和膳食纤维，有润肠胃、祛湿热的功效，所以常有人说吃蕉蕾可以减肥。

地道的蕉蕾鸡丝粥，带有新鲜芭蕉叶的清香

地道推荐：蕉蕾鸡丝粥

材料：蕉蕾、鸡肉、姜片、大米、花生碎、葱花、芝麻各适量。

做法：

1.把大米洗干净，放入盐和油腌10分钟（这样煲出来的粥更软更绵）。

2.把蕉蕾外面紫红色的“花瓣”和黄色的花蕊去掉，取其嫩白部分，切成丝，放盐和油；戴上一次性手套，把蕉蕾丝揉一揉，揉软后用水冲一下，沥干水备用。拆蕉蕾的外衣时记得戴上一次性手套，因为蕉蕾有点黏黏的汁液，会令人的皮肤发黑。

3.锅里加水煮开，放入姜片、米和鸡肉一起煮至米开花。

4.把鸡肉捞起来撕成肉丝，加入蕉蕾继续煮。

5.花生碎和芝麻炒香待用。

6.粥煮至绵稠后放盐和砂糖，调好味即可熄火。

7.把炒香的花生碎、芝麻和葱花撒在粥上面，一锅美味的蕉蕾鸡丝粥大功告成了。

小提示：如需做鱼蓉蕉蕾粥，可以把鸡丝换成鱼肉，建议选用鱼骨最少的鱼腩，只需把鱼煎熟后去骨，在第4个步骤加进去即可。

擂米粥

擂米粥是港口一种具有传统滋味的粥，得先用砂盘和擂槌把米磨细再煮粥。据说这种做法源自疍家人。疍家人喜欢用砂锅煮粥，由于出海捕鱼时间不易掌握，他们通常先把米浸泡好，等空闲时再煮。浸泡过后的米煮起来更易熟，然而聪明的疍家人想到了更快捷的方法——把米用砂盘和木槌磨细再煮粥。这种说法是否确实现在已无从考究，但擂米粥确实是老港口人都喜欢的地道美食。

擂米粥，没有过于浓稠的粥底，像米沙一样，清甜而不腻

小提示：不喜欢海鲜的可以换成瘦肉和生菜，配上香菜和葱花即可，美味的生菜瘦肉粥值得一试哟！

地道推荐：擂米海鲜粥

材料：大米、姜丝、海鲜、葱花各适量。

工具：砂盘、擂槌。

做法：

1.把米洗干净，用水浸泡3个小时以上。

2.把海鲜洗干净切好（海鲜品种依照个人爱好，品种不宜过多，最多3种）。

3.米连同浸泡的水一起放进砂盘里，水不能多，浸过米多一点点即可。

4.开始擂米，用擂槌放至砂盘底部压住米，顺时针打圈，慢慢将米磨成米沙状（根据个人口感而定）。

5.水放砂锅里煮开，放入姜丝，把磨好的米糊慢慢倒入锅中，边倒米糊边搅拌，以防结成米团（锅里水不要太多，可以备点开水，倒进米糊后觉得过于浓稠就马上加点开水煮即可）。

6.水再次沸腾后续煮5分钟，就可以把海鲜放进粥里。

7.煮熟后加盐和糖调味，最后撒上葱花即可。

茶 果

港口不少地方种有苹婆树。苹婆树的果实又名凤眼果，叶子呈椭圆形，大大一片。成熟的凤眼果外壳红红的，从中间裂开，露出里面深褐色的果肉，看起来就像鸡的眼睛，凤眼果由此得名。凤眼果很像栗子，有着坚硬的外壳，剥开后可看到鲜黄色的果肉，口感和栗子也很相似。新鲜采下来的果实不能马上吃，要煮熟才可以食用。苹婆树除了果肉是宝，叶子也是个宝，用它的叶子做茶果非常合适。

茶果又称“叶仔”，广东很多地方都可见到，做法大同小异，同样深受人们欢迎。选一馅料，揉一面团，裹一叶子，即可蒸出独特芬芳。

⊙形状独特的凤眼果

地道推荐：茶果

材料：馅料（依照个人喜爱，可以选用甜或咸的馅料）、糯米粉、冰糖、萍婆树果叶各适量。

做法：

1.采摘新鲜的萍婆树果叶，洗净备用（取大小适中的、鲜绿的叶子为宜）。

2.准备馅料。

3.把糯米粉分成两份，取一份用温水揉匀。

4.锅里放约一碗水（根据做的量而定）煮开，放冰糖煮成糖水，把火收小。

5.取揉好的面团掰成小块，慢慢放进煮开的糖水里煮熟。

6.将另一份面粉放进盘子里，把煮熟的面团连同糖水一起放进盘子里揉，揉成光滑的面团（如太烫就先用勺子拌均匀，一次不要放太多糖水，边揉边放，直到面团揉好为止）。

7.揉好的面团用湿布盖好，把萍婆树果叶光滑的一面涂上生花生油（整面都要涂均匀哦）。

8.取一小块面团，置手心处搓圆然后按扁，中间放馅料，对折，像包饺子一样，放在涂好花生油的叶子中间，把叶子前后两端对折起来，用牙签固定，并用剪刀剪去多余的叶子部分。

9.做好的叶子面团放蒸笼里，隔水蒸15分钟即可。

小提示：咸肉馅是将猪肉、玉米粒、香菇和大头菜剁碎，调味后炒熟即可。喜欢甜味的，也可以用花生、芝麻、砂糖、椰蓉等。

最有爱的民间团体和公益组织

我爸爸是港口曲艺社一员，是二胡手。每逢周六，他都会带上二胡到民主社区的曲艺社，和曲友共奏几曲。曲艺社的成员大多年过四十，他们常说：“现在这个时代好，大家有安定的生活，所以才有时间拾起自己的爱好，不时一起练练琴、唱唱曲，和有共同爱好的朋友们欢聚一堂，以乐声交流。”

扬琴、二胡、古筝、箫、笛子等中国传统乐器，曲艺社里都有人演奏。

港口曲艺社里一片欢声笑语，
乐曲悠然

饶有兴致时，还有人即兴演唱几首粤曲，将富有生活气息的故事娓娓道来，用通俗的粤语演唱。我平时听音乐，对歌词不甚考究，只要听着悦耳就行。爸爸到曲艺社练习时，我时常跟着他去，为的就是听听悠然的乐曲，让耳朵舒服一番。

曲艺社经常组织下乡表演，有时还会和大南舞蹈艺术团同台表演。妈妈是大南舞蹈艺术团的一员，跳广场舞多年了，登台表演的次数很多，大概一个月表演两三次，如这周去民主村，下周到中南村，再下周就到西街村，档期排满了，过得很充实。常听妈妈说，一段新的舞蹈练两三天就得上台表演了，可想而知，她们有多紧密的排练和深厚的“功力”。

国内不少人对广场舞有不同评价，有的人说只有整天闲在家里没事做的人才会去跳广场舞，但如果看到大南舞蹈队的阿姨们认真练习的情形，或许会改变看法吧。

大南舞蹈艺术团的演出十分精彩，深受村民喜爱

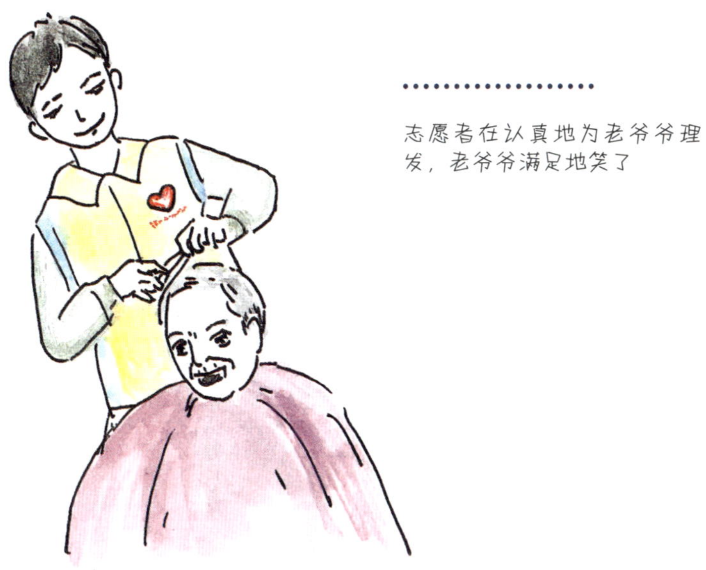

志愿者在认真地为老爷爷理发，老爷爷满足地笑了

妈妈经常挤出休息时间来排练，只为得到台下观众的掌声和认可。有一次，我问妈妈："连工资都没有，你为什么要这么辛苦练习，而且自己连吃饭都顾不上？"

"都是为老街坊表演表演，哪能都讲钱啊？大家开心就行啦！"看着妈妈含蓄的笑容，我想，她心里一定充满了自豪感。

在父母"能歌善舞"的家庭中，我并没有继承他们的艺术才华，但我更偏爱于参加自愿者活动。港口志愿者协会是个充满爱心的公益组织，港口新闻报道里总能看见他们的身影，如帮助困难家庭建新房，帮助贫穷青少年圆梦，给孤寡老人送温暖、送祝福、送月饼，等等，让人深受感动。中山很多镇区都有自愿者协会，他们无私奉献和乐于助人的精神值得我们学习和效法。

风光无限的大南片区

大南片区，在很多港口镇中心居民或者城区人眼里，曾是农村的代名词。20世纪八九十年代，中山很多镇区都在蓬勃发展，大南这片土地上的人们依然安静地过着耕作生活，日出而作，日落而息。

当时的大南村民大多务农，有的守着一小亩地种上稻谷，有的在家门前种上几棵香蕉树，有的在家旁边的空地种上龙眼树、芒果树和番石榴树。“大南香蕉”、“大南花棯”闻名遐迩，质优量大，畅销中山各个镇区。

大南香蕉是当地非常有名的水果，果肉十分清甜

从沙港路到大南沙大桥，便可见大南宝地。大南沙大桥作为广珠中线二期工程的重要节点工程，起点与三角镇福源路至阜港公路道路工程相接，终点与木河迳路相交，设计时速达 80 公里。

广珠中线二期工程现已正式命名为“三角快线”。于 2017 年 1 月 1 日试通车，之后，三角镇、阜沙镇方向以及港口大南片区的居民前往中山主城区，可以直接从福源路上广珠中线二期，然后通过立交上蝴蝶桥，从长江路进入城区。车程由原来的至少 45 分钟缩短为 20 分钟。

现在，整个大南片区已被政府规划为农田保护区。保护区北临鸡鸦水道，南靠小榄水道，占地约 1.6 万亩，已建起了很多农业种植示范基地和无公害水产养殖基地，基地养殖品种以南美白对虾及四大家鱼为主。或许是土地肥沃，出品质优产多，地理位置优越，大南片区一跃成为风水宝地。

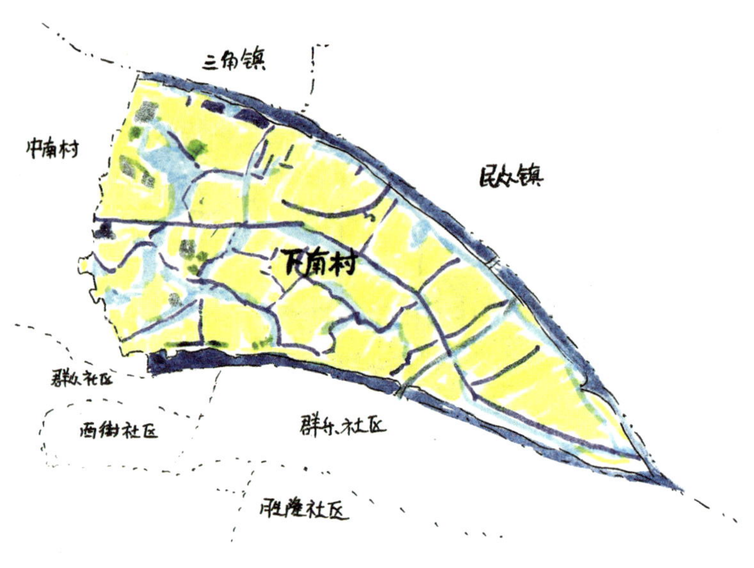

⊙下南村基本农田保护区范围图

游人第一次来到大南，都会惊叹于这片土地之大。不仅地方大，就连普通民房都比城区商品房的面积大两三倍。每家每户都有庭院，种上了果树，停上了小车，剩余空间还十分宽阔。

大南民风淳朴，日夜不闭门窗都不必担心有小偷光顾。村民常说："左右隔壁都是自家人，怕什么小偷？"很多都是家族聚居或几兄弟同住，经常可以看到连续几家民居的样子和格局都非常相似。

现在在大南还能看到一些传统的灶台，有的村民还在使用木柴烧火做饭。

古老的灶台散发着古旧朴素的味道

船闸小屋的墙上写有开闸时间的说明，简单淳朴

大大小小的河涌遍布整个大南，村与村之间也是以河道分开。村民沿用先人的智慧，选择临水而居，世世代代享受自有的水乡风光，让住在城里的人心生羡慕。

听钟爷爷说，他们家前面的河涌大有来头。老一辈的人叫这条河“大寨河”，大寨这两字沿用了 20 世纪六七十年代全国“农业学大寨”的精神，意即全员参与。爷爷说，这条河原先只是一段很小的田沟，后来才被开挖成现在这么宽阔的河，即从大南尾一直贯穿到另一头白花水闸的宽阔的小榄水道。这条河是 20 世纪 70 年代挖成的，在挖掘过程中，除了大南各村的生产队派人参与外，省市的一些事业单位和机构及知青都参与进来，场面相当壮观和热闹。人多力量大，约八千米长的河道挖掘工程用了十几天时间就完工了。

我喜欢这片土地。因为不期而遇的姻缘，我与这片土地结下了美好的缘分。安静祥和的环境，纵横交错的水田，小孩追逐小狗奔跑的身影，傍晚袅袅升起的炊烟，晚风吹弯身子的稻谷，这些都是乡村里才能见到的特有风景。

约见中顺大围

港口有一处梦幻天堂，名叫水杉林。那里初春绿意盎然、生机勃勃，深秋一片红艳、浪漫绵绵。

水杉林位于港口马大丰村，据说民国 22 年（1933 年），顺德马姓人在这里建村落户，取村名为马大丰，寓意“马氏大围田丰收”。

去水杉林欣赏美景，可以从大南沙大桥边的金辉船厂处上大围，一直往中山港大桥方向走便可看到。尽头处有家出名的“港口渔邨”食店，因为靠近小榄水道，出品的河鲜很新鲜。

中顺大围位于珠江三角洲南部西江支流出海处，总面积约七百多平方千米。因地跨中山、顺德两市，故名中顺大围。

据说在宋代，人们便开始在现在的中顺大围内修筑小榄围，后在明朝修筑濠沙小围，清嘉庆年间在今海洲修筑永安围，清道光年间修筑古镇内小围。这些都是如今中顺大围的前身。

新中国成立后，各级人民政府十分重视水利建设。1952 年 12 月，中顺大围第一届受益地区代表会议召开，提议中山、顺德两地部分地区按自然水系联建中顺大围。1953 年 1 月，中顺大围工程动工。建成后的中顺大围抵御了超历史纪录的暴潮，发挥了抗洪、防潮、排涝的巨大作用。

现在的中顺大围有很多绿道路段，民众可以骑着自行车，迎着和风，慢慢欣赏两边的风光。沿途还可看到很多小石碑，说明归属辖区和公里数。

为了保护围堤，村民种植了很多葵树和水杉树。围堤斜斜的草坪上种满了葵树，像一片片扇子，迎风轻摇。

葵树属于棕榈科蒲葵属，常年青绿，除了外形好看，叶子还可以做成葵扇和蓑衣，果实、根部也可以入药。小时候从围边坐渡船到大南时，我总会被葵叶所吸引，觉得跟家里的葵扇长得一模一样，不可思议。今天，每看见围边上的葵树，总会想起自己当年第一次见到葵树的情景。

葵树的叶子可以做成葵扇和蓑衣

小提示

葵树属棕榈科、蒲葵属，又名蒲葵，是多年生的热带和亚热带常绿乔木，喜生于高温多湿、土地肥沃的中性土壤中，具有耐旱性和耐湿性。主产地有福建、台湾、广东等，江西、广西也有少量种植。

夏季生长快，冬季生长较慢，树干像椰树，挺直无枝，叶呈圆形，叶端为锯齿状，叶阔尾短。树龄长达两三百年的老葵树屡见不鲜。

果实在秋冬季成熟，采收晒干后可入药，有疏肝行气、化瘀止血的功效。

中顺大围春秋变化明显，美得难以置信

在南方，四季的交替并不太明显，而这里的景色却差别巨大。春天，这里繁花盛开，绿意盎然，围堤外面的水杉树长满绿芽。在葵树和水杉树中间穿行，空气中充满负离子，连呼吸都格外舒畅。

到了夏季，草坪被修剪得短短的，太阳晒过后，散发出青涩的草香味，仿佛小时候收割稻谷时的味道。我最喜欢这里的深秋，色彩特别鲜艳夺目，葵树依然青绿如故，水杉树却慢慢变换着装扮，红黄相间，特别漂亮。有时，真觉得这是从一幅油画幻化而来，美得让人难以置信。

夏季，会有很多人迎着微风，坐在堤边垂钓，
享受美丽的自然风光

中顺大围外边的小榄水道，是一条重要的运河，河面宽阔，来往的船只络绎不绝。退潮后露出来的湿地上，大大小小的螃蜞横行，逗趣十足。螃蜞的样子长得像螃蟹，有着长方形的外壳，大大的钳子十分有力。想起小时候，我最喜欢和小伙伴玩“钓螃蜞”，找一根细竹竿，用针线绑上一小块大头菜引诱螃蜞。螃蜞很喜欢用钳子夹着大头菜，这时只要轻轻地把竹竿提起来就可以“钓”到它们。

渡口的堤上立有一石碑，正面写有“饮用水源一级保护区，中山市人民政府立，二〇〇三年六月”。由此可知，中顺大围是一级水源保护区，是马大丰水厂的取水点。市民饮用水是否干净，与这里的水源保护密切相关。希望大家来这里游玩时都能好好爱护这片天堂吧。

怎么去：

导航至港口金辉船厂或乘坐205、025路到大南沙大桥，即可看到。

奥运健将梁贵华

说起港口名人，有一位年轻人值得大书特书。他带着他的自行车把中山港口这个名字传遍了世界。他就是我们的英雄——梁贵华。

“梁贵华”这个人名，我是从小听到大的。时至今天，妈妈还常常说起梁贵华小时候单腿骑自行车的故事。在妈妈看来，这是个永远都不会过时的真实励志故事。妈妈说，旧时常常能在南九中桥看到梁贵华。那时他还小，骑着自行车飞快地冲下桥，让人看着都替他担心，但他自信满满，动作流畅快速，满脸享受的表情。我不记得有没有亲眼看见他骑车的样子，我想，那必定是十分惊人的竞速场面。

小时候，父母工作很忙，对我和哥哥的家庭教育并不怎么注重。我家与梁贵华家相隔较近，我们也与其年龄相仿，妈妈便经常以他为榜样给我上“教育课”。妈妈说，他小小年纪便因意外失去左腿，但他没有放弃，反而努力面对挫折，“自强不息”这四个字用在他身上非常合适。他不相信命运的安排，努力克服困难，去适应新的生活，并从中找到自己的人生目标——骑行。

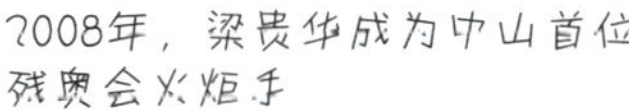

2008年，梁贵华成为中山首位残奥会火炬手

梁贵华 17 岁时被教练选中参加残疾人体育运动，18 岁时开始学习专业自行车竞技。随后成绩一路飙升，2007 年首获世界冠军并打破世界纪录。这种顽强的毅力和不服输的精神值得每个人学习和深思。

2004 年 7 月，梁贵华被港口镇政府授予“港口镇杰出青年”荣誉称号。2007 年 12 月，被中山市人民政府评为“中山市十杰市民”。2013 年 1 月，被中山市人民政府授予“中山市十大杰出青年”荣誉称号。

我想不到，只有一条腿的他不仅学会了骑车，还踩得飞快，更想不到他会游泳，且游泳成绩骄人。我在港口生活了 20 多年，至今还没学会游泳，真的自愧不如。2016 年 9 月 10 日上午 6 时许，在里约残奥会自行车场地 3 公里个人追逐赛中，梁贵华以 3 分 44 秒 553 的成绩夺得金牌，这也是中山历史上获得的第二枚残奥会金牌。在前一天举行的预赛中，他更以 3 分 42 秒 916 的成绩，打破了他本人在伦敦残奥会创下的纪录。

梁贵华在 2016 里约残奥会上勇夺金牌

梁贵华拿着里约奥运会吉祥物，
笑得尤其灿烂

仅凭单脚，梁贵华站上了竞技运动的最高舞台——奥运会。他在运动场上的坚持不懈，为国人深刻诠释了体育精神。

最让我感动的还有他为实现梦想不倦追求，不为困难找借口，不为挫折所战败，努力对抗困境，活出精彩人生。衷心祝愿梁贵华在未来的人生道路上取得更加辉煌的成绩。

番外篇

跟着爷爷下田去

爷爷是个地道的农村人，年轻时是拖拉机手，退休后自己耕了一两亩地来栽种瓜菜水果，打发时光。他喜欢与别人分享自己的劳动成果，每次我随他到田里采摘瓜果，他都特别高兴，还一一向我介绍，这是什么菜，那是什么瓜，种了多久，什么时候有收成等，说得可起劲呢！

几条小水沟把一片田地分为几块，而小水沟都是爷爷亲自用铁铲挖出来的。挖好后，从附近稍微宽阔的河里引入水流，灌溉农作物。田里种的东西可多了，有菜心、芥菜、长豆角、玉米、蕉蕾、秋葵，还有紫苏、香茅、薄荷等香料，田边还种有各种水果，如香蕉、龙眼、黄皮等。

用爷爷种的蕉蕾来做蕉蕾粥，可好吃呢

我还真是第一次见到秋葵花

爷爷说，这种血葱可以用来治流鼻血

河边一棵直立生长的植物吸引了我，长长的绿色叶子看起来像葱，却又不太像。爷爷说那叫血葱，有一定的药用功效，治流鼻血效果很好，是专门为了有需要的人而种上的，以备不时之需。看着血葱，突然觉得爷爷耕作这片小小的田地，不只为了种上青菜供我们饱腹之用，而是心系我们的健康。他这辈子为儿孙真是操碎了心。

港口大南片区盛产水果，到处种满了番石榴（本地人称作“花棯”），还有橘子、龙眼、荔枝、火龙果、香蕉。我最喜欢的是火龙果。火龙果的树与剑花很相似，长长的绿色三角形叶茎，一样带着刺，我经常把它和剑花搞混，到现在也分不清楚，哈哈。

现在大南片区很多地方都种有火龙果，还有专门的火龙果种植基地可供游人采摘。也许是大南水土肥沃，火龙果生长得十分茂盛，且肉厚汁多，十分清甜。这里种植的火龙果多为红肉，吃起来爽口清润，口感很好。爷爷也在田里种植了无公害、无污染火龙果，一个个鲜红粉嫩，实在让人无法抗拒。我采摘下一个，小心翼翼地剥开皮，红色的汁液沿着我的手指顺流下来，一口咬下去，爽脆的果肉夹杂着黑色的籽，甜甜的，酸酸的，新鲜多汁。

火龙果开的花很特别，有点像马尾巴上的鬃毛

在大南，到处可以看到特色的小农场，很多老人家都喜欢在自家的前后院或者田间开垦出一片土地，种上当季蔬菜和自家人爱吃的水果，用心栽种，收获丰收的喜悦。

地道的美食自然离不开天然的食材，用自己的劳动为家人提供健康新鲜的食材，应该是这些老人家的心愿吧。

爷爷种的茄子，颜色特别鲜亮

小提示

港口大南迅速发展的休闲生态观光产业已渐成规模，在这里，你可以轻松地过把“农民瘾”，亲身体验如何摘取新鲜、挂满枝头的火龙果。

大南种植的火龙果少有病虫害，农民种植时基本不使用农药和激素，也可满足火龙果的正常生长。

火龙果因其外表肉质鳞片似蛟龙外鳞而得名，花朵绽放时，飘香四溢，盆栽可供观赏，给人吉祥之感，所以火龙果也被称“吉祥果”。

火龙果含有丰富的植物蛋白、花青素、维生素及水溶性膳食纤维，有多种食疗作用。

Hello，中山 手绘漫画系列征稿

“Hello，中山”手绘漫画系列是广东人民出版社中山出版有限公司重磅打造的一套集地方文化、旅游、美食、休闲等于一体化的图文书，全方位呈现“产业特色鲜明、人文气息浓厚、生态环境优美”的中山24个风格各异的特色小镇。

已出版图书：

《Hello，南区》
作者：陈 慧/文 蔡文强/绘
出版：广东人民出版社
版次：2016年12月第1版
定价：25.00元

《Hello，石岐Ⅱ》
作者：易 丽/文 陈越安/绘
出版：广东人民出版社
版次：2016年6月第1版
定价：25.00元

《Hello，东区》
作者：Elly/文 Andy/绘
出版：广东人民出版社
版次：2016年7月第1版
定价：25.00元

《Hello，沙溪》
作者：姝 雅/文 小 筱/绘
出版：广东人民出版社
版次：2016年7月第1版
定价：25.00元

《Hello，南朗》
作者：陈谷苗 文/绘
出版：广东人民出版社
版次：2016年6月第1版
定价：25.00元

《Hello，神湾》
作者：梁素红 文/绘
出版：广东人民出版社
版次：2016年7月第1版
定价：25.00元

《Hello，小榄》
作者：刘玉玲/文 李妍霖/绘
出版：广东人民出版社
版次：2016年7月第1版
定价：25.00元

《Hello，小榄Ⅱ》
作者：梁艺荞/文 梁淑华/绘
出版：广东人民出版社
版次：2016年10月第1版
定价：25.00元

《Hello，港口》
作者：杨爱珊/文 史 超/绘
出版：广东人民出版社
版次：2017年3月第1版
定价：25.00元

即将出版图书：

镇区篇

《Hello，西区》
《Hello，古镇》
《Hello，黄圃》
《Hello，三乡》
《Hello，三角》
《Hello，民众》
《Hello，阜沙》
《Hello，坦洲》
《Hello，东升》
《Hello，东凤》
《Hello，板芙》
《Hello，大涌》
《Hello，南头》
《Hello，横栏》
《Hello，火炬区》
《Hello，五桂山》

校园篇

《Hello，纪中》
《Hello，侨中》

文化篇

《Hello，公园》
《Hello，宗祠》
《Hello，古迹》
《Hello，咀香园》

还有您想到的，没想到的，我们都想出版。找的就是您，加入我们的手绘漫画系列吧。
要求：文字要美靓、插画要靓，人加里靓，更好啦！

购书请扫描：

天猫店二维码

中山出版微店

当当网、京东网、亚马逊等也有售。
来稿就投：zszscb@qq.com
详情咨询：（0760）89882925